TOUT DANS 1 PLAT

BOUDDHA BOLS

LAROUSSE

TOUT DANS 1 PLAT

BOUDDHA BOLS

Audrey Cosson
Photographies de Claudia Gödke

LAROUSSE

SOMMAIRE

8 LES SAUCES

10 BOULETTES D'AGNEAU, aubergine, semoule

12 TATAKI DE BŒUF, pamplemousse et quinoa

14 Poulet mariné, asperges et épeautre

16 Croquettes croustillantes, orge et légumes

18 LAMELLES DE BŒUF et légumes-racines

20 MAGRET DE CANARD, betteraves et polenta

22 Dinde, pickles et champignons

24 PULLED PORK ET CAROTTES RÔTIES

26 FILET MIGNON, chou-fleur et brocoli

28 BOULETTES DE BŒUF, cèpes et quinoa

30 Comme un bibimbap au poulet

32 POULET SATAY, concombre et riz

34 **MI-CUIT DE SAUMON,** ***avocat et quinoa***

36 Thon mi-cuit, pois gourmands et nouilles

38 Crevettes au lait de coco et gingembre

40 ***Cabillaud aux légumes et boulgour***

42 Saumon fumé et coleslaw

44 Gambas en tempura et vermicelles

46 ***Poke Bowl thon, mangue et riz***

48 ROUGET, ÉPEAUTRE ET TARTARE DE TOMATES

SPÉCIALE amateur de poisson !

50 **SALADE DE LENTILLES** au saumon

... SUITE

Le COUP DE ♥

Pois chiches au curry, épinards et riz

LENTILLES VERTES, carotte et pomme

BUTTERNUT RÔTIE ***quinoa et feta***

Betteraves, riz et jeunes pousses

FALAFELS, taboulé et chou-fleur

BOL ***comme un taco***

Tofu grillé, nouilles soba et shiitakés

Pâtes complètes, mozza et courgettes

Dhal de lentilles, riz et cacahuètes

ŒUFS POCHÉS, avocat et millet

FENOUIL, HALLOUMI grillé et chou kale

POMMES DE TERRE, aubergine, épinards et blé

POIS CHICHES AU YAOURT,
betterave et pita

Smoothie bowl
mangue et banane

Yaourt et granola
au sarrasin

Chia pudding
cacao et fruits rouges

PORRIDGE
à la cannelle

RIZ AU LAIT COCO,
banane et noix de macadamia

DEUX TROIS TRUCS À SAVOIR

Le Bouddha bol c'est la bonne idée simple et rapide pour préparer un repas complet et sain !

De quoi se compose-t-il ? L'idéal est de miser sur 1/3 de protéines et 2/3 de légumes. Le Bouddha bol est à l'origine végétarien, et associe donc des légumineuses et des céréales mais vous pouvez aussi utiliser des protéines animales (poulet, poisson, œuf).

Pour les légumes tout est possible : crus découpés en fines lamelles ou petits dés, cuits à l'eau, poêlés ou rôtis au four.

Ajoutez un peu de croquant avec des oléagineux natures ou légèrement torréfiés (amandes, pignons de pin, graines de sésame…).

Terminez par une sauce pour lier l'ensemble et apporter du peps au plat. Que ce soit une vinaigrette classique ou une sauce au yaourt, là aussi vous avez carte blanche !

Vous pouvez aussi ajouter une touche de fruits secs ou quelques herbes fraîches pour encore plus de goût !

N'hésitez pas à improviser ! Servez-vous de ce livre pour avoir des idées d'association et créez les recettes qui vous plaisent. Bon appétit !

LES SAUCES

SAUCE YAOURT,
purée de sésame ou beurre de cacahuète ou de noisette

Dans un bol, mélangez :
- 100 g de yaourt grec
- 1 c. à soupe de purée de sésame, noix de cajou, beurre de cacahuète, noisette
- le jus de 1/4 de citron
- paprika en poudre (facultatif)
- 1 c. à café d'huile d'olive
- sel, poivre

VINAIGRETTE
au balsamique

Dans un bol, mélangez :
- 4 c. à soupe d'huile d'olive
- 1 c. à soupe de vinaigre balsamique
- sel, poivre

PESTO MAISON
minute

Dans le bol d'un mixeur, mixez :
- 2 bouquets d'herbes au choix (basilic, menthe, sauge, persil, roquette), effeuillées
- 15 g de pignons de pin
- 1 gousse d'ail, épluchée, dégermée et hachée
- 1 pincée de gros sel
- 50 g de parmesan fraîchement râpé
- 20 cl d'huile d'olive + un peu pour ajuster la consistance
- 2-3 grains de poivre noir

SAUCE YAOURT
aux herbes et/ou au citron

Dans un bol, mélangez :

- 100 g de yaourt grec
- ½ bouquet d'herbes (basilic, menthe, persil, coriandre, ciboulette), effeuillés et ciselés
- le jus de ¼ de citron jaune ou vert
- 1 c. à café d'huile d'olive
- sel, poivre

VINAIGRETTE
au miel

Dans un bol, mélangez :

- 4 c. à soupe d'huile d'olive
- 1 c. à soupe de vinaigre de cidre ou de citron
- 1 c. à café de miel
- 1 c. à café de moutarde douce (facultatif)
- sel, poivre

SAUCE SOJA, GINGEMBRE
et huile de sésame, épicée ou non

Dans un bol, mélangez :

- 4 c. à soupe de sauce soja
- 1 c. à café d'huile de sésame
- 2 cm de gingembre haché
- quelques graines de sésame (facultatif)
- quelques rondelles de piment oiseau (facultatif)

BOULETTES
d'agneau, aubergine, semoule

1 Enfournez l'aubergine badigeonnée d'huile d'olive 20 min à 200 °C, en retournant les rondelles à mi-cuisson. Faites cuire la semoule le temps indiqué sur le paquet et réservez.

2 Mélangez la viande, l'oignon, l'ail, et un peu de menthe. Salez, poivrez et formez des boulettes. Faites-les dorer à l'huile d'olive dans une poêle.

3 Dans chaque bol, déposez la semoule mélangée aux raisins secs, les boulettes, les aubergines et parsemez du reste de menthe.

POUR 2 PERSONNES

PRÉPARATION : 10 MIN

CUISSON : 25 MIN

VIVE
les boulettes !

LA RECETTE

1 Mélangez la sauce et le jus de pamplemousse, puis plongez la viande dans la moitié de cette marinade et les légumes dans l'autre. Placez 2 h au réfrigérateur en retournant régulièrement la viande. Faites cuire le quinoa dans 2 verres d'eau bouillante à couvert pendant 12 min.

2 Saisissez la viande égouttée à feu vif 2 min sur chaque face et réservez. Faite réduire la marinade 1 à 2 min à feu vif.

3 Dans chaque bol, répartissez le quinoa, les légumes, la viande découpée en fines tranches, les pousses de soja. Aspergez de sauce et parsemez de ciboulette.

POUR 2 PERSONNES

PRÉPARATION : 5 MIN
CUISSON : 20 MIN
RÉFRIGÉRATION : 2 H

TATAKI DE BŒUF, pamplemousse et quinoa

SIMPLE,
mais très efficace !

LA RECETTE

1 Faites cuire l'épeautre dans 2 verres d'eau bouillante 20 à 25 min. Ébouillantez les asperges 5 min.

2 Saisissez les morceaux de poulet avec l'huile, 2 à 3 min sur chaque face. Ajoutez l'ail, faites revenir 2 min et versez le jus de citron. Laissez mijoter 2 min, ajoutez le persil, salez, poivrez.

3 Dans chaque bol, répartissez l'épeautre et les asperges, le poulet et sa sauce. Salez, poivrez et parsemez du zeste de citron et du reste de persil avant de servir.

POUR 2 PERSONNES

PRÉPARATION : 15 MIN

CUISSON : 40 MIN

POULET MARINÉ, asperges et épeautre

LIGHT
et complet !

CROQUETTES

croustillantes, orge et légumes

LA RECETTE

1 Faites cuire l'orge, préalablement trempé pendant 24 h, dans 4 verres d'eau pendant 45 min.

2 Roulez les tranches de veau dans la farine, l'œuf et enfin la chapelure, en veillant à bien les enrober à chaque étape. Faites frire dans l'huile bien chaude jusqu'à ce que les croquettes soient dorées.

3 Dans chaque bol, répartissez l'orge, les tomates cerises, les courgettes et aspergez de vinaigrette. Ajoutez les croquettes et parsemez de graines de courge et de basilic.

POUR 2 PERSONNES

PRÉPARATION : 10 MIN
CUISSON : 50 MIN
TREMPAGE : 24 H

La recette **préférée** des enfants !

LAMELLES DE BŒUF
et légumes-racines

LA RECETTE

1 Arrosez le panais et la patate douce de 2 c. à soupe d'huile d'olive et de paprika, salez, poivrez, puis enfournez 20 min à 200 °C. Faites cuire le riz le temps indiqué sur le paquet et réservez.

2 Faites chauffer le reste d'huile dans une poêle et faites-y dorer le bœuf sur chaque face. Salez et poivrez.

3 Dans chaque bol, déposez le riz, les légumes avec leur jus, les lamelles de bœuf avec leur jus, les pousses d'épinards et parsemez de micropousses de cresson.

POUR 2 PERSONNES

PRÉPARATION : 10 MIN

CUISSON : 45 MIN

Un petit goût !
de ***sucré-salé !***

MAGRET DE CANARD, *Betteraves et polenta*

1 Poêlez le magret côté peau en éliminant le gras au fur et à mesure, puis retournez-le pour dorer l'autre côté.

2 Placez les betteraves sur une plaque avec le miel, l'huile, le thym, puis salez, poivrez et mélangez pour bien les enrober. Ajoutez le magret au milieu et enfournez 15 min à 180 °C.

3 Faites bouillir ½ l d'eau salée et versez la polenta en fouettant. Laissez cuire 1 min, puis retirez du feu. Mélangez et répartissez dans les bols. Ajoutez le magret découpé en fines tranches et les betteraves, arrosez avec le jus du plat et parsemez de micropousses de betteraves.

POUR 2 PERSONNES

PRÉPARATION : 10 MIN

CUISSON : 15 MIN

La recette inspirée **du Sud-Ouest.**

DINDE, PICKLES
et champignons

LA RECETTE

1 Faites mariner le radis avec la moitié du jus de citron, le vinaigre et le miel. Laissez reposer au frais.

2 Mélangez les champignons, l'échalote, le yaourt, la moitié de la ciboulette et le reste de jus de citron, salez et poivrez.

3 Dans une poêle, saisissez la dinde dans un filet d'huile jusqu'à ce qu'elle soit dorée sur toutes leurs faces.

4 Dans chaque bol, répartissez les champignons, la roquette, les graines, la dinde et quelques pickles de radis. Parsemez du reste de ciboulette et servez.

POUR 2 PERSONNES

PRÉPARATION : 10 MIN
CUISSON : 2 MIN
MARINADE : 1 H

ATTENTION, ça pique !

LA RECETTE

1 Placez le porc dans une cocotte avec la sauce tomate, le cube de bouillon et 75 cl d'eau. Salez, poivrez et portez à ébullition. Couvrez et placez au four 3 h à 200 °C.

2 Placez les carottes et le sirop d'érable sur une plaque, salez, poivrez et enfournez pour 15 min. Faites cuire la semoule le temps indiqué sur le paquet et réservez.

3 Dans chaque bol, répartissez la semoule, le pulled pork, les carottes et les concombres, puis parsemez de coriandre.

POUR **2** PERSONNES

PRÉPARATION : 10 MIN

CUISSON : 3 H 15

PULLED PORK
et carottes rôties

Au programme :
du *réconfort* !

FILET MIGNON, chou-fleur et brocoli

LA RECETTE

1 Arrosez le brocoli et le chou-fleur de 2 c. à soupe d'huile et du paprika. Salez, poivrez, et enfournez 25 à 30 min à 180 °C.

2 Faites dorer la viande salée et poivrée à feu vif avec le reste d'huile. Retirez du feu et placez sur la plaque 15 min avant la fin de cuisson des légumes.

3 Dans chaque bol, répartissez les légumes, le filet mignon découpé en tranches, les jeunes pousses et la sauce au yaourt. Parsemez de persil, salez et poivrez.

POUR 2 PERSONNES

PRÉPARATION : 10 MIN

CUISSON : 45 MIN

Tout le monde
va adorer le ***brocoli.***

LA RECETTE

1 Faites cuire le quinoa dans 2 verres d'eau bouillante à couvert pendant 12 min.

2 Mélangez la viande avec l'échalote et les cébettes, un peu de sel et de poivre. Formez des boulettes et faites-les dorer sur toutes leurs faces avec 2 c. à soupe d'huile et réservez. Faites dorer les cèpes avec l'ail.

3 Dans chaque bol, répartissez le quinoa, les boulettes, les cèpes et la sauce pesto. Parsemez de basilic, salez et poivrez.

POUR 2 PERSONNES

PRÉPARATION : 15 MIN

CUISSON : 15 MIN

BOULETTES DE BŒUF, cèpes et quinoa

Une recette qui sent bon ***l'automne.***

Comme UN BIBIMBAP au poulet

LA RECETTE

1 Faites dorer le poulet avec la sauce soja et le miel, puis réservez. Faites cuire le riz le temps indiqué sur le paquet et réservez.

2 Faites sauter les carottes environ 2 min en remuant. Réservez et faites revenir rapidement les pousses d'épinards.

3 Dans chaque bol, répartissez le riz, les carottes, les épinards et le poulet bien chauds. Déposez un jaune d'œuf au centre et parsemez de sésame noir.

POUR 2 PERSONNES

PRÉPARATION : 10 MIN

CUISSON : 15 MIN

Le bol venu **de Corée.**

POULET SATAY, *concombre et riz*

LA RECETTE

1 Mélangez le concombre, les cacahuètes, la moitié de la sauce soja et de la coriandre. Faites cuire le riz le temps indiqué sur le paquet et réservez.

2 Faites mijoter le lait de coco, le beurre de cacahuète, l'ail, le gingembre, la cassonade et le reste de la sauce soja 5 min à feu moyen en fouettant. Enrobez les morceaux de poulet de la sauce refroidie et faites-les revenir à feu vif avant de les piquer sur des piques à brochette.

3 Dans chaque bol, répartissez le riz, le concombre et les brochettes. Poivrez et parsemez de pousses de soja et du reste de coriandre.

POUR 2 PERSONNES

PRÉPARATION : 10 MIN

CUISSON : 10 MIN

Ça fait fondre les **papilles** !

MI-CUIT DE SAUMON, *avocat et quinoa*

LA RECETTE

1 Faites cuire le quinoa dans 2 verres d'eau bouillante à couvert pendant 12 min.

2 Roulez le saumon dans le sésame.Faites-les dorer avec 1 c. à soupe de sauce, à feu vif 1 min sur quatre de leurs faces.

3 Dans chaque bol, répartissez le quinoa, le saumon mi-cuit, le pourpier, l'avocat et le chou-rave. Aspergez du reste de sauce et de jus de citron et poivrez.

POUR 2 PERSONNES

PRÉPARATION : 10 MIN

CUISSON : 16 MIN

Redécouvrez
le chou-rave

THON MI-CUIT, pois gourmands et nouilles

LA RECETTE

1 Plongez le thon dans la sauce mélangée au piment, filmez et laissez mariner 2 h au réfrigérateur. Ébouillantez les pois gourmands 5 min. Faites cuire les nouilles le temps indiqué sur le paquet.

2 Faites dorer le thon sur chaque face pendant 1 min environ. Retirez de la poêle et faites revenir la marinade et les pois gourmands égouttés 1 à 2 min.

3 Dans chaque bol, répartissez les nouilles, le thon découpé en tranches fines et les pois gourmands. Parsemez de pousses de cresson, de sésame et poivrez.

POUR 2 PERSONNES

PRÉPARATION : 10MIN
CUISSON : 4 MIN
MARINADE : 2 H

Le thon mi-cuit
fond **dans la bouche.**

CREVETTES
au lait de coco et gingembre

LA RECETTE

1 Faites revenir l'ail et le gingembre dans l'huile. Ajoutez les crevettes et faites-les dorer. Versez le lait de coco, le jus de citron et laissez mijoter à feu doux pendant 10 min.

2 Ébouillantez les petits pois 5 min. Faites cuire le riz.

3 Dans chaque bol, répartissez le riz, les petits pois, les crevettes et leur sauce, puis parsemez de noix de cajou et de coriandre. Ajoutez les quartiers de citron.

POUR **2** PERSONNES

PRÉPARATION : 10 MIN

CUISSON : 15 MIN

TRÈS BON
avec beaucoup
de ***gingembre***.

CABILLAUD aux légumes et boulgour

1 Badigeonnez les légumes et l'ail avec 2 c. à soupe d'huile et enfournez 25 min à 180 °C.

2 Dans un plat allant au four, placez le poisson, le reste de l'huile, le citron et le thym. Salez, poivrez et enfournez 12 min. Faites cuire le boulgour dans 2 verres d'eau bouillante à couvert pendant 15 min.

3 Dans chaque bol, répartissez le boulgour, les légumes et le cabillaud. Salez et poivrez.

VOUS POUVEZ AJOUTER 1/2 OIGNON ROUGE DANS LES LÉGUMES AU FOUR POUR ENCORE PLUS DE GOÛT !

POUR 2 PERSONNES

PRÉPARATION : 15 MIN

CUISSON : 50 MIN

Un petit
parfum
estival...

SAUMON FUMÉ
et coleslaw

LA RECETTE

1 Faites cuire le boulgour dans 2 verres d'eau bouillante à couvert pendant 15 min.

2 Mélangez le fenouil, la pomme, le yaourt et les cranberries avec le jus du citron.

3 Dans chaque bol, répartissez le boulgour, le saumon et le coleslaw de fenouil et de pomme, salez et parsemez de baies roses.

VOUS POUVEZ PARSEMER LE TOUT DE FEUILLES DE FENOUIL.

POUR 2 PERSONNES

PRÉPARATION : 10 MIN

CUISSON : 15 MIN

TRÈS BON
aussi avec des ***sardines***.

LA RECETTE

1 Mélangez la maïzena®, la farine et la levure avec 155 cl d'eau très froide. Placez au frais 30 min. Faites cuire les vermicelles et réservez.

2 Plongez chaque crevette dans la pâte, puis dans l'huile de friture bien chaude. Retirez-les et déposez-les sur une feuille de papier absorbant. Salez aussitôt.

3 Dans chaque bol, répartissez les vermicelles, les carottes, les concombre et les crevettes. Arrosez d'un peu de sauce soja et servez le reste pour tremper les tempuras.

VOUS POUVEZ AJOUTER UN PEU DE CIVE CISELÉE ET DE MICROPOUSSES D'ALFALFA POUR RELEVER LE GOÛT.

POUR 2 PERSONNES

PRÉPARATION : 10 MIN
CUISSON : 5 MIN
RÉFRIGÉRATION : 30 MIN

GAMBAS
en tempura et vermicelles

RECETTE
asiatique !

POKE BOWL THON,
mangue et riz

1 Mélangez le thon, le jus et le zeste des citrons, l'oignon et l'huile dans un bol, puis filmez et placez au frais pour 2 h, en mélangeant de temps en temps.

2 Faites cuire le riz dans une casserole d'eau bouillante pendant 25 min.

3 Dans chaque bol, répartissez le riz noir, le thon et la mangue. Parsemez de ciboulette, de baies roses, salez et arrosez de marinade.

POUR 2 PERSONNES

PRÉPARATION : 10 MIN
CUISSON : 25 MIN
RÉFRIGÉRATION : 2 H

Un DÉLICIEUX
et original
sucré-salé !

ROUGET, ÉPEAUTRE
et tartare de tomates

LA RECETTE

1 Faites cuire le boulgour dans 2 verres d'eau bouillante à couvert pendant 10 à 15 min.

2 Faites revenir les filets de rouget avec 1 c. à soupe d'huile, 2 à 3 min sur chaque face, à feu vif.

3 Dans chaque bol, répartissez le boulgour, les tomates et les olives, les rougets et arrosez de vinaigrette. Salez, parsemez de baies roses écrasées, de graines de lin et de persil.

POUR 2 PERSONNES

PRÉPARATION : 10 MIN
CUISSON : 20 MIN

UNE RECETTE
aux parfums **du Sud.**

1 Plongez l'œuf 5 min dans de l'eau bouillante. Laissez refroidir et écalez-le.

2 Faites cuire les lentilles dans l'eau bouillante pendant 15 min. Mélangez les lentilles, l'échalote, la moitié de la ciboulette, la vinaigrette, salez et poivrez. À part, mélangez le saumon et le jus de citron.

3 Dans chaque bol, répartissez la salade de lentilles, le saumon, la carmine, puis parsemez du reste de ciboulette et de graines de lin, salez et poivrez. Au dernier moment, ajoutez l'œuf mollet coupé en deux.

POUR 2 PERSONNES

PRÉPARATION : 10 MIN

CUISSON : 20 MIN

SALADE DE LENTILLES

au saumon

PARFAIT
pour un ***brunch !***

POIS CHICHES
au curry, épinards et riz

LA RECETTE

1 Faites cuire le riz dans un grand volume d'eau pendant 10 min.

2 Dans une sauteuse, versez les pois chiches, la sauce tomate, les épices et les cébettes, salez, poivrez et portez à ébullition. Baissez le feu, couvrez et laissez mijoter 10 à 15 min.

3 Dans chaque bol, répartissez le riz, les pois chiches (sans le bâton de cannelle), les épinards, la sauce au yaourt et aspergez de jus de citron.

POUR **2** PERSONNES

PRÉPARATION : 10 MIN
CUISSON : 25 MIN

De quoi envier
les végétariens

1 Faites cuire les lentilles dans l'eau bouillante salée pendant 20 min et l'épeautre dans l'eau bouillante salée pendant 20 à 25 min.

2 Dans chaque bol, déposez les lentilles et l'épeautre, la carotte, la pomme et 2 quartiers de citron. Parsemez de graines de courge et d'aneth. Ajoutez la sauce et mélangez.

POUR 2 PERSONNES

PRÉPARATION : 10 MIN

CUISSON : 45 MIN

LENTILLES VERTES, carotte et pomme

Recette
automnale

BUTTERNUT RÔTIE
quinoa et feta

LA RECETTE

1 Déposez les dés de courge sur une plaque, saupoudrez de cannelle et de la moitié de la vinaigrette et enfournez 20 min à 180 °C.

2 Faites cuire le quinoa dans 2 verres d'eau bouillante à couvert pendant 12 min.

3 Dans chaque bol, déposez le quinoa, la roquette, la feta, la butternut puis parsemez d'amandes et de cranberries. Ajoutez le reste de sauce et mélangez.

POUR 2 PERSONNES

PRÉPARATION : 10 MIN

CUISSON : 32 MIN

Comme un *air*,
de vacances *en Grèce* !

BETTERAVES, riz et jeunes pousses

1 Faites cuire le riz dans un grand volume d'eau bouillante salée pendant 30 à 35 min.

2 Dans chaque bol, déposez le riz, la betterave, les pousses de mesclun, parsemez de micropousses de cresson, salez, poivrez. Ajoutez la sauce yaourt au citron et mélangez.

POUR 2 PERSONNES

PRÉPARATION : 10 MIN

CUISSON : 35 MIN

UTILISEZ
des **betteraves** cuites
pour gagner du **temps**.

FALAFELS,
taboulé et chou-fleur

LA RECETTE

1 Mixez les pois chiches, l'ail, la moitié de la coriandre et du persil, l'oignon, le sésame, le cumin et le piment, jusqu'à obtenir une pâte lisse. Formez des boules et plongez-les dans l'huile bien chaude jusqu'à ce qu'elles soient bien dorées.

2 Mélangez la tomate, l'oignon rouge et le reste des herbes dans un bol. Mixez le chou-fleur pour le réduire en une sorte de semoule, ajoutez les raisins et assaisonnez avec le jus de citron.

3 Dans chaque bol, répartissez le chou-fleur, les tomates, un peu de houmous mélangé avec le paprika et les falafels bien chauds.

POUR 2 PERSONNES

PRÉPARATION : 15 MIN
CUISSON : 5 MIN

LA RICHESSE CULINAIRE du *Liban.*

BOL comme un taco

1 Faites mijoter 10 min les haricots dans 20 cl d'eau avec le piment, du sel et du poivre.

2 Dans chaque bol, placez les haricots au piment, le guacamole, la tomate et la sauce yaourt mélangée avec le zeste de citron vert. Agrémentez des galettes de maïs, parsemez de coriandre et aspergez le tout de jus de citron vert.

LE PETIT PLUS :
POUR UN GUACAMOLE MAISON EXPRESS, ÉCRASEZ LA CHAIR DE 1 AVOCAT AVEC 1 POINTE DE JUS DE CITRON ET MÉLANGEZ AVEC 1 FILET D'HUILE D'OLIVE ET 1/2 OIGNON ROUGE FINEMENT CISELÉ, SALEZ ET POIVREZ. VOUS POUVEZ AJOUTER DE LA CORIANDRE FRAÎCHE ET/OU DU CUMIN EN POUDRE.

POUR 2 PERSONNES

PRÉPARATION : 15 MIN
CUISSON : 10 MIN

À déguster avec un sombrero !

TOFU GRILLÉ,
nouilles soba et shiitakés

LA RECETTE

1 Mélangez le tofu, l'ail, le gingembre et la sauce. Filmez et placez au frais pendant 1 h en remuant de temps en temps.

2 Faites dorer le tofu égouttés à feu vif et réservez. Faites réduire la marinade à feu vif et ajoutez les shiitakés. Faites-les dorer 2 min et réservez. Disposez le chou dans la poêle et faites-le revenir 2 min en remuant. Faites cuire les nouilles.

3 Dans chaque bol, déposez les nouilles, le tofu, les shiitakés et le chou. Parsemez de cive ciselée.

POUR 2 PERSONNES

PRÉPARATION : 15 MIN
CUISSON : 10 MIN
RÉFRIGÉRATION : 1 H

En direct
du Japon !

PÂTES COMPLÈTES, mozza et courgettes

LA RECETTE

1 Faites revenir les courgettes avec un peu d'huile de la sauce pesto.

2 Faites cuire les pâtes le temps indiqué sur le paquet, puis mélangez-les avec la sauce pesto.

3 Dans chaque bol, déposez les pâtes au pesto, les courgettes, 3 billes de mozzarella, parsemez de pignons de pin, de feuilles de basilic, salez, poivrez et mélangez.

VOUS POUVEZ AJOUTER QUELQUES BRINS DE THYM AU MOMENT DE CUIRE LES COURGETTES.

POUR 2 PERSONNES

PRÉPARATION : 15 MIN

CUISSON : 20 MIN

À faire
en saison !

DHAL DE LENTILLES,
riz et cacahuètes

LA RECETTE

1 Placez les lentilles, l'oignon, l'ail, le curry et 70 cl d'eau dans une casserole, salez et portez à ébullition. Baissez, couvrez et laissez mijoter 20 min.

2 Faites cuire le riz pendant 10 min.

3 Dans chaque bol, déposez les lentilles, le riz, la sauce au yaourt à la coriandre et au citron, puis parsemez de cacahuètes, de coriandre, salez et poivrez.

POUR 2 PERSONNES

PRÉPARATION : 10 MIN

CUISSON : 30 MIN

UN VRAI
repas complet !

ŒUFS POCHÉS,
avocat et millet

LA RECETTE

1 Faites cuire le millet dans 2 verres d'eau bouillante à couvert pendant 20 min.

2 Faites pocher les œufs dans de l'eau bouillante 4 min. Égouttez-les délicatement.

3 Dans chaque bol, déposez le millet, les tranches d'avocat et de radis, un œuf, puis aspergez de jus de citron et d'huile d'olive. Parsemez de graines de lin et de micropousses, salez et poivrez.

POUR 2 PERSONNES

PRÉPARATION : 15 MIN

CUISSON : 24 MIN

Délicieux avec
un *oeuf* bien coulant.

FENOUIL, HALLOUMI
grillé et chou kale

LA RECETTE

1 Faites revenir le fenouil avec 1 c. à soupe d'huile. Quand il devient translucide, ajoutez le jus d'orange, salez, et laissez mijoter à feu doux jusqu'à ce que le liquide ait réduit. Réservez.

2 Faites revenir à feu vif le chou kale salé, jusqu'à ce qu'il soit tendre, puis réservez. Faites dorer les tranches de halloumi avec le reste de l'huile.

3 Dans chaque bol, répartissez le fenouil, le chou kale et le halloumi. Parsemez d'aneth et de baies roses, puis salez.

ATTENTION, UNE FOIS REFROIDI LE HALLOUMI PREND UNE CONSISTANCE CAOUTCHOUTEUSE QUI PEUT ÊTRE DÉSAGRÉABLE. SERVEZ CE BOL AUSSITÔT LE HALLOUMI GRILLÉ.

POUR 2 PERSONNES

PRÉPARATION : 15 MIN

CUISSON : 10 MIN

À DÉGUSTER
bien chaud !

POMMES DE TERRE,
aubergine, épinards et blé

LA RECETTE

1 Placez l'aubergine et les pommes de terre sur une plaque avec 2 c. à soupe d'huile, le paprika, du sel et du poivre. Enfournez 20 à 30 min à 200 °C.

2 Faites cuire le blé selon les indications du paquet et réservez.

3 Faites dorer l'ail 1 min dans le reste de l'huile, puis ajoutez les épinards et faites-les revenir pendant 2 à 3 min. Retirez du feu, salez et poivrez.

4 Dans chaque bol répartissez le blé, les épinards, les légumes et le yaourt, puis parsemez de persil.

POUR 2 PERSONNES

PRÉPARATION : 15 MIN

CUISSON : 40 MIN

Pour impressionner les invités !

LA RECETTE

1 Faites dorer les morceaux de pita au four pendant 5 à 10 min à 200 °C.

2 Mixez la betterave avec la moitié du tahini et de l'ail, le cumin et le jus de citron. Faites chauffer 10 min les pois chiches avec le yaourt et le reste du tahini.

3 Faites dorer l'ail restant et les amandes dans le beurre clarifié, puis réservez. Faites revenir les épinards 2 min.

4 Dans chaque bol, répartissez les pois chiches, les épinards, la purée de betterave, les pitas, et parsemez du mélange amandes-ail et de paprika.

POUR 2 PERSONNES

PRÉPARATION : 15 MIN

CUISSON : 25 MIN

POIS CHICHES AU YAOURT, betterave et pita

un arc-en-ciel dans le *bol*

SMOOTHIE BOWL
mangue et banane

LA RECETTE

1 Mixez la mangue, les bananes et le lait d'avoine jusqu'à obtenir un smoothie bien lisse.

2 Répartissez le smoothie dans chaque bol, puis déposez le reste des ingrédients dessus, en formant des lignes.

POUR 2 PERSONNES

PRÉPARATION : 10 MIN

POUR
les gourmands
sans four !

LA RECETTE

1 Mélangez le sarrasin, les flocons d'avoine, le sésame, les noisettes, l'huile de coco fondue et la moitié du miel. Répartissez en fine couche sur une plaque recouverte de papier sulfurisé et enfournez 15 min à 160 °C en mélangeant deux ou trois fois. Réservez.

2 Répartissez le yaourt dans les bols. Ajoutez un peu de granola sur chacun, les figues, les grains de grenade et le reste de miel.

CONSERVEZ LE RESTE DE GRANOLA DANS UN BOCAL POUR LES MATINS SUIVANTS.

POUR 2 PERSONNES

PRÉPARATION : 15 MIN

CUISSON : 15 MIN

YAOURT ET GRANOLA au sarrasin

ATTENTION
les *yeux* !

CHIA PUDDING
cacao et fruits rouges

LA RECETTE

1 Fouettez le cacao, la poudre d'açaï et le lait d'amande petit à petit, jusqu'à obtenir un mélange lisse et sans grumeaux. Ajoutez les graines de chia et le sirop d'agave et fouettez.

2 Laissez reposer 15 min, tout en continuant de fouetter régulièrement. Versez dans les bols et placez au réfrigérateur pendant minimum 2 h.

3 Au moment de servir parsemez de fèves de cacao, de copeaux de coco et de fruits.

POUR 2 PERSONNES

PRÉPARATION : 15 MIN

RÉFRIGÉRATION : 2 H

ATTENTION,
ça va **plaire** !

LA RECETTE

1 Dans une casserole, versez 45 cl d'eau, les flocons d'avoine, la cannelle, la moitié des physalis, des cranberries et du sirop d'érable. Portez à ébullition en remuant, puis baissez le feu et laissez mijoter doucement à couvert 10 à 15 min en remuant régulièrement.

2 Répartissez dans chaque bol, puis parsemez d'amandes et du reste de fruits secs et du sirop d'érable.

POUR 2 PERSONNES

PRÉPARATION : 10 MIN

CUISSON : 15 MIN

PORRIDGE à la cannelle

MIEUX
qu'au **restaurant!**

RIZ AU LAIT COCO, banane et noix de macadamia

LA RECETTE

1 Placez le riz, le lait de coco, le miel, la gousse de vanille avec ses graines et la banane dans une casserole. Portez à ébullition, puis laissez mijoter à feu doux pendant 15 min environ, en mélangeant régulièrement.

2 Retirez la gousse de vanille. Répartissez dans chaque bol, ajoutez les tranches de kiwi et les noix de macadamia.

VOUS POUVEZ AJOUTER QUELQUES MYRTILLES FRAÎCHES POUR ENCORE PLUS DE GOURMANDISE.

POUR 2 PERSONNES

PRÉPARATION : 10 MIN

CUISSON : 15 MIN

Parfait
pour **un goûter !**

MES PETITES *listes de courses*

P. 10

Boulettes d'agneau, aubergine, semoule

1 aubergine
4 c. à soupe d'huile d'olive
250 g d'agneau
1 botte de menthe
1 oignon
2 gousses d'ail
1 verre de semoule de blé
40 g de raisins secs
sel, poivre

P. 12

Tataki de bœuf, pamplemousse et quinoa

1 sauce soja-gingembre (voir p.8)
le jus de 1 pamplemousse
250 g de filet de bœuf
¼ de chou rouge
1 carotte
1 verre de quinoa
1 poignée de pousses de soja
quelques brins de ciboulette

P.14

Poulet mariné, asperges et épeautre

1 verre d'épeautre
1 botte d'asperges vertes
2 filets de poulet
2 c. à soupe d'huile d'olive
2 gousses d'ail
Le jus de 1 citron
½ bouquet de persil
sel, poivre

P. 16

Croquettes croustillantes, orge et légumes

1 verre d'orge perlé
50 g de farine
1 œuf battu
75 g de chapelure
300 g de filet de veau
10 tomates cerises
1 courgette
1 vinaigrette au miel (voir p. 8)
1 c. à soupe de graines de courge
10 feuilles de basilic

P. 18

Lamelles de bœuf et légumes-racines

2 panais
1 patate douce
3 c. à soupe d'huile d'olive
1 c. à soupe de paprika
400 g de rumsteck
1 verre de riz semi-complet
1 poignée de pousses d'épinards
quelques micropousses de cresson
sel, poivre

P. 20

Magret de canard, betteraves et polenta

1 magret de canard
6 petites betteraves
1 c. à soupe de miel
2 c. à soupe d'huile d'olive
3 brins de thym
120 g de polenta
1 poignée de micropousses de betterave
sel, poivre

P. 22

Dinde, pickles et champignons

5 radis ronds
le jus de 1 citron
1 c. à soupe de vinaigre de cidre
1 c. à soupe de miel
6 champignons de Paris
½ échalote
4 c. à soupe de yaourt grec
4 brins de ciboulette
2 filets de dinde
1 poignée de roquette
1 c. à soupe de mélange de graines
sel, poivre

P. 24

Pulled pork et carottes rôties

1 kg de cou de porc
350 g de sauce tomate « passata »
1 cube de bouillon de poulet
2 carottes
2 c. à soupe de sirop d'érable
1 tasse de semoule de blé
½ concombre
4 brins de coriandre ou de persil
sel, poivre

P.26

Filet mignon, chou-fleur et brocoli

½ brocoli
½ petit chou-fleur
3 c. à soupe d'huile d'olive
2 c. à soupe de paprika fumé
300 g de filet mignon
1 belle poignée de mesclun de jeunes pousses
1 sauce yaourt-sésame (voir p. 8)
3 brins de persil
sel, poivre

P. 28

Boulettes de bœuf, cèpes et quinoa

1 verre de quinoa noir
6 cèpes (ou 12 petits)
300 g de bœuf
2 cébettes
1 échalote
1 gousse d'ail
1 sauce pesto (voir p. 8)
2 c. à soupe d'huile d'olive
3 brins de basilic
sel, poivre

P. 30

Comme un bibimbap au poulet

2 blancs de poulet
1 sauce soja (voir p. 8)
1 c. à soupe de miel
½ carotte
200 g de pousses d'épinards
1 verre de riz gluant
2 œufs
1 c. à soupe de sésame noir

P. 32

Poulet satay, concombre et riz

½ concombre
2 c. à soupe de sauce soja
quelques brins de coriandre
2 c. à soupe de cacahuètes salées
15 cl de lait de coco
2 c. à soupe de beurre de cacahuète
1 gousse d'ail
3 cm de gingembre
1 c. à soupe de cassonade
2 filets de poulet
1 verre de riz basmati
1 c. à soupe de pousses de soja
Poivre

P. 34

Mi-cuit de saumon, avocat et quinoa

1 verre de quinoa rouge
250 g de saumon
2 c. à soupe de sésame doré
1 sauce vinaigrette au balsamique (voir p. 8)
1 poignée de pourpier
1 avocat
½ chou-rave
le jus de 2 quartiers de citron
poivre noir

P. 36

Thon mi-cuit, pois gourmands et nouilles

200 g de steak de thon
1 sauce soja (voir p. 8)
quelques rondelles de piment oiseau
150 g de pois gourmands
150 g de nouilles aux œufs
quelques jeunes pousses de cresson
2 c. à soupe de mélange de sésame
poivre

Suite

P. 38

Crevettes au lait de coco et gingembre

1 gousse d'ail
3 cm de gingembre
1 c. à soupe d'huile d'olive
10 crevettes roses
40 cl de lait de coco
le jus de 1/2 citron + 2 quartiers pour servir
200 g de petits pois
1 verre de riz semi-complet
1 c. à soupe de noix de cajou
3 brins de coriandre

P. 40

Cabillaud aux légumes et boulgour

1 courgette
3 tomates
½ poivron
1 gousse d'ail
4 c. à soupe d'huile d'olive
2 filets de cabillaud, sans la peau
1 citron en quartiers
4 brins de thym
1 verre de boulgour de sarrasin
sel, poivre

P. 42

Saumon fumé et coleslaw

1 verre de boulgour
½ fenouil
½ pomme acidulée
4 c. à soupe de yaourt nature
30 g de cranberries séchées
6 tranches de saumon fumé
le jus d'1/2 citron
sel, baies roses

P. 44

Gambas en tempura et vermicelles

60 g de maïzena
100 g de farine
10 g de levure
5 gambas crues
½ carotte
½ concombre
150 g de vermicelles de riz
1 sauce soja (voir p. 8)
huile de friture
sel

P. 46

Poke bowl thon, mangue et riz

250 g de thon frais
le jus de 2 citrons verts et le zeste de la moitié d'1
½ oignon rouge
3 c. à soupe d'huile d'olive
1 verre de riz noir gluant
½ mangue
quelques brins de ciboulette
sel, baies roses

P. 48

Rouget, épeautre et tartare de tomates

1 verre de boulgour de petit épeautre
2 tomates
10 olives noires
4 filets de rouget
1 c. à soupe d'huile d'olive
1 sauce vinaigrette au miel (voir p. 8)
1 c. à soupe de graines de lin
2 brins de persil
sel, baies roses

P. 50

Salade de lentilles au saumon

1 œuf
1 verre de lentilles noires beluga
½ échalote
6 brins de ciboulette
1 sauce vinaigrette au balsamique (voir p. 8)
3 tranches de saumon fumé
le jus de ½ citron
1 salade carmine
2 c. à soupe de graines de lin
sel, poivre

Suite

P. 52

Pois chiches au curry, épinards et riz

1 verre de riz basmati
400 g de pois chiches
40 cl de sauce tomate
3 cm de gingembre
1 c. à soupe de curry Madras
1 bâton de cannelle
1 piment oiseau
2 cébettes
200 g de pousses d'épinards
1 sauce yaourt à la coriandre (voir p. 8)
le jus de ½ citron
sel, poivre

P. 54

Lentilles vertes, carotte et pomme

150 g de lentilles vertes du Puys
1 verre d'épeautre
1 carotte
1 pomme acidulée
20 g de graines de courge
2 brins d'aneth
4 rondelles de citron
1 sauce vinaigrette au miel (voir p. 8)
sel, poivre

P. 56

Butternut rôtie, quinoa et feta

750 g de courge butternut
1 c. à café de cannelle
1 sauce vinaigrette au miel (voir p. 8)
1 verre de quinoa blanc
1 poignée de roquette
100 g de feta
50 g d'amandes
50 g de cranberries séchées

P. 58

Betteraves, riz et jeunes pousses

1 verre de riz de Camargue
2 betteraves cuites
1 poignée de mesclun de jeunes pousses
1 sauce yaourt au citron (voir p. 8)
quelques micropousses de cresson
sel, poivre

P.60

Falafels, taboulé et chou-fleur

500 g de pois chiches secs
½ bouquet de coriandre
½ bouquet de persil
3 gousses d'ail
½ oignon
1 c. à soupe de sésame doré
1 c. à café de cumin
1 c. à café de piment
2 tomates
½ oignon rouge
½ chou-fleur
1 c. à café de raisins secs
le jus de ½ citron
100 g de houmous
1 c. à café de paprika
sel, poivre
huile de friture

P. 62

Bol comme un taco

350 g de haricots rouges
quelques rondelles de piment vert
100 g de guacamole
3 tomates
1 sauce yaourt au citron vert (voir p. 8)
le jus et le zeste de 1/2 citron vert
2 galettes de maïs
3 brins de coriandre
sel, poivre

Suite

P. 64

Tofu grillé, nouilles soba et shiitakés

200 g de tofu
1 gousse d'ail
3 cm de gingembre
1 sauce soja-gingembre (voir p. 8)
200 g de nouilles soba
250 g de shiitakés
½ chou blanc
2 cives ou cébettes

P. 66

Pâtes complètes, mozza et courgettes

200 g de pâtes complètes
1 courgette
6 billes de mozzarella di Buffala
20 g de pignons de pin
1 sauce pesto (voir p. 8)
10 feuilles de basilic
sel, poivre

P. 68

Dhal de lentilles, riz et cacahuètes

200 g de lentilles corail
1 oignon rouge
1 gousse d'ail
1 c. à soupe de curry Madras
1 verre de riz basmati
quelques brins de coriandre
1 sauce yaourt à la coriandre (voir p.8)
40 g de cacahuètes nature
sel, poivre

P. 70

Œufs pochés, avocat et millet

1 verre de millet
2 œufs
1 avocat
5 radis ronds
le jus d'½ citron
1 c. à soupe d'huile d'olive
1 c. à soupe de graines de lin
1 poignée de micropousses
sel, poivre

P. 72

Fenouil, halloumi grillé et chou kale

½ fenouil
2 c. à soupe d'huile d'olive
le jus et la moitié du zeste de 1 orange
2 feuilles de chou kale
8 tranches d'halloumi (200 g)
3 brins d'aneth
sel, baies roses

P. 74

Pommes de terre, aubergine, épinard et blé

Pommes de terre et aubergines, épinards et blé ½ aubergine
2 grosses de terres
3 c. à soupe d'huile d'olive
1 verre de blé
1 gousse d'ail
200 g d'épinards
100 g de yaourt grec
2 c. à soupe de paprika fumé
3 brins de persil
sel, poivre

P. 76

Pois chiches au yaourt, betterave et pita

2 pains pita
1 betterave
2 c. à soupe de tahini
1 c. à café de cumin
2 gousses d'ail

Suite

le jus de 1/2 citron
200 g de pois chiches
150 g de yaourt grec
20 g de beurre clarifié
1 c. à soupe de paprika
1 c. à soupe d'amandes
1 poignée de pousses d'épinards
sel, poivre

P. 78

Smoothie bowl mangue et banane

300 g de mangue
2 bananes
50 cl de lait d'avoine
45 g de flocons d'avoine
2 c à soupe de graines de chia
1 c. à soupe de baies de Goji séchées
1 poignée de framboises

P. 80

Yaourt et granola au sarrasin

40 g de sarrasin kasha
40 g de petits flocons d'avoine
40 g de sésame doré
50 g de noisettes
2 c. à soupe d'huile de noix de coco
2 c. à soupe de miel
2 figues
1 c. à soupe de grains de grenade
200 g de yaourt nature

P. 82

Chia pudding cacao et fruits rouges

60 cl de lait d'amande
1 c. à soupe de cacao en poudre non sucré
60 g de graines de chia
1 c. à soupe de poudre d'açaï
2 c. à café de sirop d'agave
5 fèves de cacao
1 c. à soupe de copeaux de noix de coco
50 g de fruits rouges

P. 84

Porridge à la cannelle

80 g de flocons d'avoine
1 bâton de cannelle
2 c. à soupe de physalis séchés
2 c. à soupe de cranberries séchés
4 c. à soupe de sirop d'érable
50 g de framboises
1 c. à soupe d'amandes mondées

P. 86

Riz au lait coco, banane et noix de macadamia

120 g de riz rond
80 cl de lait de coco
2 c. à soupe de miel
+ un peu pour servir
1 gousse de vanille
1 banane
50 g de noix de macadamia
1 kiwi

Index

A

Agneau
Boulettes d'agneau, aubergine, semoule 10

Asperges
Poulet mariné, asperges et épeautre 14

Aubergine
Boulettes d'agneau, aubergine, semoule 10
Pommes de terre et aubergine, épinards et blé 74

Avocat
Bol comme un taco 62
Œufs pochés, avocat et millet 70
Mi-cuit de saumon, avocat et quinoa 34

B

Banane
Riz au lait coco, banane et kiwi 86
Smoothie bowl mangue et banane 78

Betterave
Betteraves, riz et jeunes pousses 58
Magret de canard, betteraves et polenta 20
Pois chiches au yaourt, betterave et pita 76

Blé
Pommes de terre et aubergine, épinards et blé 74

Boeuf
Boulettes de bœuf, cèpes et quinoa 28
Lamelles de bœuf et légumes-racines 18
Tataki de bœuf, pamplemousse et quinoa 12

Boulgour
Cabillaud aux légumes et boulgour 40
Saumon fumé et coleslaw 42

Brocoli
Filet mignon, chou-fleur et brocoli 26

C

Cabillaud
Cabillaud aux légumes et boulgour 40

Canard
Magret de canard, betteraves et polenta 20

Carotte
Comme un bibimbap 30
Gambas en tempura et vermicelles 44
Lentilles vertes, carotte et pomme 54
Pulled pork et carottes rôties 24
Tataki de bœuf, pamplemousse et quinoa 12

Champignons
Boulettes de bœuf, cèpes et quinoa 28
Dinde, pickles et champignons 22
Tofu grillé, nouilles soba et shiitakés 64

Chou
Fenouil, halloumi grillé et chou kale 72
Mi-cuit de saumon, avocat et quinoa 34
Tataki de bœuf, pamplemousse et quinoa 12
Tofu grillé, nouilles soba et shiitakés 64

Chou-fleur
Falafels, taboulé et chou-fleur 60
Filet mignon, chou-fleur et brocoli 26

Concombre
Gambas en tempura et vermicelles 44
Poulet satay, concombre et riz 32
Pulled pork et carottes rôties 24

Courge butternut
Butternut rôtie quinoa et feta 56

Courgette
Cabillaud aux légumes et boulgour 40
Croquettes croustillantes, orge et légumes 16
Pâtes complètes, mozza et courgettes 66

Crevettes
Crevettes au lait de coco et gingembre 38

D

Dinde
Dinde, pickles et champignons 22

E

Épeautre
Lentilles vertes, carotte et pomme 54
Poulet mariné, asperges et épeautre 14
Rouget, épeautre et tartare de tomates 48

Épinards
Comme un bibimbap 30
Lamelles de bœuf et légumes-racines 18
Pois chiches au curry, épinards et riz 52
Pommes de terre et aubergine, épinards et blé 74

F

Fenouil
Fenouil, halloumi grillé et chou kale 72
Saumon fumé et coleslaw 42

Feta
Butternut rôtie quinoa et feta 56

Figue
Yaourt et granola au sarrasin 80

Flocons d'avoine
Porridge à la cannelle 84
Smoothie bowl mangue et banane 78
Yaourt et granola au sarrasin 80

Fruits rouges
Chia pudding cacao et fruits rouges 82
Porridge à la cannelle 84
Smoothie bowl mangue et banane 78

G

Gambas
Gambas en tempura et vermicelles 44

H

Halloumi
Fenouil, halloumi grillé et chou kale 72

Haricots rouges
Bol comme un taco 62

K

Kiwi
Riz au lait coco, banane et kiwi 86

L

Lentilles
Dahl de lentilles, riz et cacahuètes 68
Lentilles vertes, carotte et pomme 54
Salade de lentilles au saumon 50

M

Mangue
Poke bowl thon, mangue et riz 46
Smoothie bowl mangue et banane 78

Millet
Œufs pochés, avocat et millet 70

Mozzarella
Pâtes complètes, mozza et courgettes 66

N

Nouilles
Thon mi-cuit, pois gourmands et nouilles 36
Tofu grillé, nouilles soba et shiitakés 64

O

Orge
Croquettes croustillantes, orge et légumes 16

P

Panais
Lamelles de bœuf et légumes-racines 18

Patate douce
Lamelles de bœuf et légumes-racines 18

Pâte
Pâtes complètes, mozza et courgettes 66

Petits pois
Crevettes au lait de coco et gingembre 38

Pois chiches
Falafels, taboulé et chou-fleur 60
Pois chiches au curry, épinards et riz 52
Pois chiches au yaourt, betterave et pita 76

Pois gourmands
Thon mi-cuit, pois gourmands et nouilles 36

Poivron
Cabillaud aux légumes et boulgour 40

Polenta
Magret de canard, betteraves et polenta 20

Pomme
Lentilles vertes, carotte et pomme 54
Saumon fumé et coleslaw 42

Pomme de terre
Pommes de terre et aubergine, épinards et blé 74

Porc
Filet mignon, chou-fleur et brocoli 26
Pulled pork et carottes rôties 24

Poulet
Comme un bibimbap 30
Poulet mariné, asperges et épeautre 14
Poulet satay, concombre et riz 32

Pousses de soja
Tataki de bœuf, pamplemousse et quinoa 12

Q

Quinoa
Boulettes de bœuf, cèpes et quinoa 28
Butternut rôtie quinoa et feta 56
Mi-cuit de saumon, avocat et quinoa 34
Tataki de bœuf, pamplemousse et quinoa 12

R

Radis
Dinde, pickles et champignons 22
Œufs pochés, avocat et millet 70

Riz
Betteraves, riz et jeunes pousses 58
Crevettes au lait de coco et gingembre 38
Dahl de lentilles, riz et cacahuètes 68
Pois chiches au curry, épinards et riz 52
Poke bowl thon, mangue et riz 46
Poulet satay, concombre et riz 32
Riz au lait coco, banane et kiwi 80

Rouget
Rouget, épeautre et tartare de tomates 48

S

Saumon
Mi-cuit de saumon, avocat et quinoa 34
Salade de lentilles au saumon 50
Saumon fumé et coleslaw 42

Semoule
Boulettes d'agneau, aubergine, semoule 10
Pulled pork et carottes rôties 24

T

Thon
Poke bowl thon, mangue et riz 46
Thon mi-cuit, pois gourmands et nouilles 36

Tofu
Tofu grillé, nouilles soba et shiitakés 64

Tomate
Bol comme un taco 62
Cabillaud aux légumes et boulgour 40
Croquettes croustillantes, orge et légumes 16
Falafels, taboulé et chou-fleur 60
Rouget, épeautre et tartare de tomates 48

V

Veau
Croquettes croustillantes, orge et légumes 16

Vermicelles
Gambas en tempura et vermicelles 44

TABLE DES ÉQUIVALENCES FRANCE-CANADA

Poids

55 g	2 onces	200 g	7 onces	500 g	17 onces
100 g	3 onces	250 g	9 onces	750 g	26 onces
150 g	5 onces	300 g	10 onces	1 kg	35 onces

Ces équivalences permettent de calculer le poids à quelques grammes près (en réalité, 1 once = 28 g).

Capacités

25 cl	1 tasse	75 cl	3 tasses
50 cl	2 tasses	1 l	4 tasses

Pour faciliter la mesure des capacités, une tasse équivaut ici à 25 cl (en réalité, 1 tasse = 8 onces = 23 cl).

Crédits des illustrations :
© Shutterstock / © Thinkstock

Direction de la publication :
Isabelle Jeuge-Maynart et Ghislaine Stora
Direction éditoriale : Émilie Franc
Édition : Alice Dauphin
Conception graphique et mise en pages : Émilie Laudrin
Couverture : Eliott Joussain
Informatique éditoriale : Philipe Cazabet
Fabrication : Donia Faiz

Les Éditions Larousse utilisent des papiers composés de fibres naturelles, renouvelables, recyclables et fabriquées à partir de bois issus de forêts qui adoptent un système d'aménagement durable. En outre, les Éditions Larousse attendent de leurs fournisseurs de papier qu'ils s'inscrivent dans une démarche de certification environnementale reconnue.

ISBN : 978-2-03-594945-5
Photogravure : IGS
Imprimé en Espagne par Graficas Estella
Dépôt légal : mars 2018
320501/04 – 11043932- mars 2020

PAPIER À BASE DE FIBRES CERTIFIÉES

LAROUSSE s'engage pour l'environnement en réduisant l'empreinte carbone de ses livres. Celle de cet exemplaire est de :
850 g éq. CO_2
Rendez-vous sur www.larousse-durable.fr